A_tope.com

¿Y ahora qué?

Manuel Vila Baleato

Cornelsen

A_tope.com | **¿Y ahora qué?**
Manuel Vila Baleato

Redaktion: Natascha Remmert
Umschlaggestaltung: Corinna Babylon, Berlin
Layout und technische Umsetzung: Buchgestaltung+ Berlin
Umschlagfoto: shutterstock/Kunal Mehta

Verwendete Abkürzungen

a/c	alguna cosa	fam.	familiar
alg.	alguien	jdm.	jemandem
etw.	etwas	jdn.	jemanden

Der Lernwortschatz der *Unidad 7* ist mit einem * gekennzeichnet und ist im Glossar am Ende des Buches alphabetisch aufgelistet.

Unter www.cornelsen.de/webcodes gibt es als Download die passenden Arbeitsblätter.
Webcode: ATOPE-LEC-1

www.cornelsen.de

1. Auflage, 4. Druck 2017

Druck: H. Heenemann, Berlin

ISBN 978-3-06-021306-1

CAPÍTULO 1 **Autopista[1] al... instituto**

¡Riiiiing! Las siete y media de la mañana. Puntual, como todos los días[2], el despertador[3] suena en la habitación de Mateo.

Diez minutos más, por favor. Solo diez minutos más —piensa Mateo sin[4] abrir los ojos.

A las ocho menos veinte, el despertador suena otra vez, pero él todavía se queda cinco minutos más en la cama antes de levantarse. Todavía no, por favor.

A las ocho menos cuarto, por fin[5], Mateo se levanta y entra en la ducha para empezar otro día de instituto. Cuando a las ocho y cinco Carmen, su madre, grita su nombre desde la cocina, él todavía se está poniendo los vaqueros. Una camiseta negra con el nombre de su grupo de rock favorito está encima de una silla, a la izquierda de la cama. Unas zapatillas de deporte que se compró con el dinero que recibió en su último cumpleaños[6] completan su look para hoy.

Cuando dos minutos más tarde, Mateo entra en la cocina para desayunar, su padre sale y dice adiós con una galleta todavía en la boca. En una esquina, una mujer* muy seria da las noticias en la televisión. La imagen muestra un grupo de jóvenes que protesta en la Puerta del Sol en Madrid. Solo

1 la autopista: Autobahn
2 como todos los días: wie jeden Tag
3 el despertador: Wecker
4 sin: ohne
5 por fin: endlich
6 el cumpleaños: Geburtstag

un minuto después, la misma* periodista comenta con una sonrisa muy grande que ayer el Real Madrid ganó por cuatro goles a cero el partido de la Champions League.

Javi, el hermano mayor de Mateo, lleva un traje negro que le queda un poco grande con una camisa blanca. También lleva la corbata verde que su padre compró para la boda de la prima Marta el verano pasado. La madre de Mateo le pregunta a Javi si quiere otro café y él contesta que no. La periodista de la televisión habla ahora sobre la nueva película de Penélope Cruz en Hollywood, pero Javi no la escucha porque está demasiado nervioso. Mateo mira a su hermano. Lo conoce tan bien que sabe perfectamente qué le pasa: Javi no está tranquilo porque sabe que hoy su futuro* puede cambiar[1] para siempre.

Un minuto más tarde, Javi y su madre hablan sobre la entrevista de trabajo[2] que su hermano tiene esa mañana en el centro. Es una empresa que está buscando ingenieros* con buenos conocimientos[3] de idiomas* para trabajar en Alemania*.

Mateo escucha sin decir nada y solo le guiña un ojo a su hermano para desearle suerte. Bebe un poco de zumo de naranja, prepara un bocadillo de jamón y queso y sale de casa sin desayunar. Cuando su madre le quiere decir algo, ya es demasiado tarde.

—Mateo, ya sabes que esta tarde a las seis y cuarto tienes que ir al...

1 cambiar: sich (ver)ändern
2 la entrevista de trabajo: Vorstellungsgespräch
3 los conocimientos: *hier* Kentnisse

¡Plaf! La puerta se cierra y Mateo no puede escuchar la última palabra de su madre, pero él ya sabe perfectamente lo que ella va a decir «al dentista[1]».

Son las ocho y veinticinco cuando Mateo sale de casa. Coge el móvil de su chaqueta para escuchar música mientras[2] va al instituto. Cuando ya está en la calle empieza a sonar automáticamente su lista de canciones* favoritas. *I'm on the highway to hell, on the highway to hell.*

Pues sí —piensa en ese momento Mateo—, no hay una canción más adecuada que «Highway to hell» de AC/DC para describir cómo me siento en este momento.

Ya al final de la calle, piensa en las asignaturas* que tiene hoy en el instituto:

A primera hora tenemos Física y Química*. Uf, ¡qué rollo![3] Luego tenemos Ciencias Sociales y creo que no tengo los deberes. Bueno, menos mal que antes del recreo tenemos Inglés y después...

De repente una chica detrás de él dice su nombre, pero Mateo, con la música del móvil a todo volumen[4], no la escucha hasta que ella está a su lado.

—Eh, Mateo, hola, ¿qué pasa? ¿Qué tal?

—Ah, hola, Sonia, perdona*, espera, es que con el móvil no te comprendo bien. Ya, ahora, ¿qué tal?

—Bien, ¿y tú? Parece que estás en otro mundo.

—No, tranquila, estoy bien, quizás[5] un poco nervioso.

—¿Por qué? ¿Estás bien?

1 el/la dentista: Zahnarzt / Zahnärztin
2 mientras: während
3 ¡Qué rollo!: *fam.* Wie langweilig!
4 a todo volumen: sehr laut
5 quizás: vielleicht

—Uf. Sí, bueno... no sé...

—¿Qué pasa? ¿Es por los exámenes finales? Ya, es verdad, solo faltan unas semanas para la selectividad[1]. Yo también me estoy poniendo un poco nerviosa.

—Sonia, por favor, tienes un nueve o un diez en todas* las asignaturas.

—¿Y qué?

—Pues que tú te pones nerviosa porque quieres.

—¡Siempre igual! Ya sabes que necesito más de un ocho de nota* media[2] para estudiar Medicina en la Universidad de Salamanca, así que no puedo tener ninguna[3] nota mala.

—Ya lo sé, tranquila. ¡Por lo menos[4] tú ya sabes lo que quieres hacer! Y siempre te queda tu plan B: estudiar Farmacia*. Pero yo...

Mateo piensa en todas las profesiones[5] preferidas con las que soñó desde niño: primero astronauta, después futbolista* o piloto*, luego músico* o cantante* en un grupo de rock, fotógrafo*, actor*, periodista... Y así una larga lista hasta hoy, con casi 18 años, pocas semanas antes de la selectividad, sin un plan realista para su futuro.

Ya muy cerca del instituto, antes de entrar a la clase de Física con el profesor Moléculas, Mateo pone el móvil en la mochila. En realidad el profe se llama Antonio pero todos los alumnos lo conocen por ese nombre. Un montón de chicas y chicos charlan delante de la puerta antes de entrar al ins-

1 la selectividad: Eignungsprüfung für die Aufnahme an einer spanischen Universität
2 la nota media: Notendurchschnitt
3 ninguno/-a: kein (einziger), keine (einzige)
4 por lo menos: mindestens, wenigstens
5 la profesión: Beruf

tituto. Ellos hablan de los exámenes, deberes y profesores. ¿Por qué tiene que ser todo tan difícil*?

En ese momento, suena el timbre. Como siempre, a las nueve menos cuarto empieza otro día en el instituto. ¡Riiiiing!

CAPÍTULO 2 **¿Destino Alemania?**

Cuando el despertador de Javi suena en su habitación, él ya está con los ojos abiertos[1] desde hace casi dos horas porque no puede dormir. Son las siete y diez de la mañana y en casa todavía no se escucha nada[2]. Se sienta[3] en su cama y mira un póster muy grande que tiene en su habitación. El último concierto de U2 en Madrid, el pasado mes de marzo, al que fue con Blanca, su novia. Fue genial. A la derecha del póster hay una fotografía de Javi con todos sus amigos en Málaga. Los padres de Pablo tienen un apartamento en la playa* y en agosto el grupo pasó allí una semana fantástica. Ahí están todos juntos, Gonzalo, Luis, Pablo, Alberto... y al fondo[4], el mar y el sol*.

Por fin, Javi se levanta y entra en la ducha mientras piensa si tiene todo preparado para la entrevista de trabajo.

¿Por qué estoy tan nervioso? ¡Claro que tengo todo preparado! Tranquilo, tengo que estar tranquilo.

1 abierto/-a: offen
2 no... nada: nichts
3 sentarse (e>ie): sich hinsetzen
4 al fondo: hinten

Después de ducharse, sale del cuarto de baño y mira la ropa que ya preparó el día antes con su padre. Se pone la camisa blanca y el traje y piensa:

Me queda un poco grande.

Sobre la cama tiene una corbata azul y otra verde. Al final se pone la corbata de color verde.

Sí, mejor la verde, no es muy seria pero es elegante.

Se mira en el espejo.

Bueno, no está mal, la verdad. Pero, ¿realmente ese que está ahí soy yo?

Sí, es él y hoy no es carnaval*. Javi sabe que en la entrevista de trabajo que tiene en dos horas se decide[1] su futuro. Por lo menos su futuro para los próximos años.

Una vez más, Javi repite en su cabeza[2] las palabras de la carta de presentación que escribió para solicitar[3] una de las plazas[4] para trabajar como ingeniero en Alemania:

1 decidirse: sich entscheiden
2 la cabeza: Kopf
3 solicitar: sich bewerben
4 la plaza: Stelle

Javier Nieto López
Calle del Molino, nº 10, 5ºD
28045 Madrid

A la atención del Sr.[1] Weißer
Calle Pío Baroja, 31
28009 Madrid

18 de mayo de 2016

Estimado[2] Sr. Weißer:

Me dirijo a Ud. con motivo de[3] la oferta de trabajo publicada en la página web «Mercado Laboral» el pasado 15 de mayo. Me interesa mucho su oferta y creo reunir las condiciones requeridas[4] por su empresa.

Después de estudiar con una beca de intercambio[5] Erasmus en la Universidad de Manchester un año, terminé mi carrera[6] como ingeniero en la Universidad de Madrid el año pasado.

En este momento estoy haciendo cursos de formación[7] y aprendo alemán e inglés en la Escuela Oficial de Idiomas[8]. Según la información en su página web, su empresa dispone de un programa de producción

1 a la atención del Sr. / de la Sra.: zu Händen von Herrn / Frau
2 estimado/-a: sehr geehrte/r
3 Me dirijo a Ud. con motivo de...: Ich wende mich an Sie anlässlich ...
4 reunir las condiciones requeridas: erforderliche Voraussetzungen erfüllen
5 la beca de intercambio: Austauschstipendium
6 la carrera: Studium / Laufbahn
7 el curso de formación: Fortbildungskurs
8 la Escuela Oficial de Idiomas (E.O.I.): Bezeichnung der staatlichen Sprachschulen in Spanien

muy innovador. Por eso me gustaría* mucho empezar mi carrera profesional* con ustedes. Además estoy convencido de[1] la calidad de sus productos.
Estoy disponible para realizar una entrevista con ustedes en las próximas semanas y con mucho gusto voy a responderles a todas sus preguntas.
En espera de sus noticias, le saluda muy atentamente[2],
Javier Nieto López

Adjunto: currículum vítae.

La carta del Sr. Weißer llegó a su casa hace dos semanas. Javi leyó la invitación* a la entrevista de trabajo y saltó de alegría[3]. ¡Por fin![4] Después de escribir y enviar más de cien currículum por toda España, ese lunes recibió la primera respuesta positiva. Eso sí, país* de la oferta de trabajo: Alemania.

Javi, feliz pero nervioso, mira una vez más su currículum vítae para estar seguro* de tener todo perfecto, sin errores:

1 estar convencido/-a de a/c: von etw. überzeugt sein
2 le saluda atentamente: mit freundlichen Grüßen
3 la alegría: Freude
4 por fin: endlich

CURRÍCULUM VÍTAE

INFORMACIÓN PERSONAL[1]

Nombre: Javier
Apellidos: Nieto López
Dirección: Calle del Molino, n° 10, 5°D
28045 Madrid
Teléfono: (+34) 91 663 217 68
Dirección electrónica: javiernietolopez@cvmail.es
Lugar y fecha de nacimiento: Madrid, 09/04/1994
Nacionalidad: española

EDUCACIÓN Y FORMACIÓN

Estudios[2]: Ingeniero industrial (Universidad Complutense de Madrid)
Lenguas: Español (Lengua materna)
Inglés (C1)
Alemán (A2)
Conocimientos de informática: Office, SPSS
Lenguajes de programación: Java, C, C++

INTERESES PERSONALES – AFICIONES

Viajar, tocar la guitarra, leer

OTROS DATOS DE INTERÉS

Carné de conducir B.

1 personal: persönlich
2 el estudio: Schulausbildung / Studium

Javi controla todo el material. Todo está completo y perfecto. Suerte, ahora solo necesita suerte y no ponerse nervioso. Si recibe el trabajo, todo va a ser diferente. Él solo estuvo una vez en Alemania para visitar a su amigo Alberto, que estudió en Hamburgo un año con una beca Erasmus. Alemania le gustó mucho. Claro, es un país muy diferente y los alemanes no son como los españoles, pero Alberto siempre dice que allí se vive muy bien. El problema es Blanca, su novia. Bueno, y sus padres. Y sus hermanos. Y también sus amigos. Pero ahora no puede pensar en eso. Tiene que estar tranquilo para hacer una entrevista de trabajo perfecta. En estos momentos en España casi no hay trabajo y ni una sola empresa respondió a sus cartas. ¡Qué pena!

Javi sale de su habitación para ir a la cocina. Su madre está viendo las noticias en la televisión y su padre, que, como siempre, ya sale con prisa, le da un beso.

—Todo va a ir bien, seguro*.

Aunque no tiene mucha hambre, Javi sabe que tiene que desayunar algo. Un zumo y un café con leche. Tal vez también un par de galletas o un cruasán. Mientras desayuna en la cocina, el resto de la familia se levanta. Mira el periódico pero no lee realmente las noticias: «El paro juvenil[1] marca un nuevo récord en España». Su madre le pregunta un montón de cosas sobre la entrevista y Javi responde casi siempre con un «sí», un «no» o un «no sé». Está claro que no tiene muchas ganas de hablar pero su madre no se da cuenta*, y con sus preguntas Javi se está poniendo todavía más nervioso. Su hermano entra y después de dos minutos sale de la

1 el paro juvenil: Jugendarbeitslosigkeit

cocina, muy rápido[1], después de guiñarle un ojo. Para él, eso significa* «suerte». Javi es así, y Mateo lo sabe.

CAPÍTULO 3 **¿Hacer prácticas o emigrar[2]?**

¡Riiiiing!

¿Cómo podemos aguantar todas las semanas las clases del profesor Moléculas? —piensa Mateo—. En realidad, no sé por qué estamos todos los días un montón de horas aquí en el instituto con profesores que están explicando* cosas que normalmente[3] no nos interesan y que no nos ayudan* en la vida real. ¿Quién necesita saber que $E = mc^2$? Estoy seguro de que mi madre o mi padre no tienen ni idea de esas fórmulas de física y no tienen ningún problema en su día a día. ¿Para qué aprendemos todo este rollo[4]?

Hoy es la entrevista de Javi en esa empresa alemana que busca ingenieros en España. A ver si tiene suerte, porque después de estudiar tanto tiempo en el instituto y en la universidad, es muy triste no encontrar trabajo. Horas y horas estudiando, ¿y para qué? Ya hace casi un año que está en el paro[5] y por ahora, ¡nada! ¡Y eso que él sabe[6] hablar idiomas! Parece que fue ayer cuando papá lo llevó al aeropuerto con su maleta[7] y su mochila para estudiar con una beca Erasmus

1 rápido/-a: schnell
2 emigrar: auswandern, emigrieren
3 normalmente: normalerweise
4 el rollo: *fam.* langweiliges Zeug
5 estar en el paro: arbeitslos sein
6 saber: *hier* können
7 la maleta: Koffer

como estudiante de intercambio en la Universidad de Manchester.

¡Qué pasada![1] ¡Ya hace tres años! Estuvo allí seis meses y aprendió un montón de inglés, además de vivir en otro país y conocer otra cultura, como él mismo siempre dice. Volvió muy contento, porque, por supuesto, aprobó todos los exámenes con muy buenas notas. Realmente Javi es un tío[2] inteligente y curra[3] muchísimo. ¿Cuántas veces se quedó en casa para estudiar sin salir de fiesta o a discotecas? ¿Y para qué? ¿Realmente vale la pena? Ahí está, en casa todos los días, sin poder trabajar. Cada día escribe varias cartas de presentación, currículum, navega horas y horas en páginas de Internet para buscar empleo[4], y al final... siempre lo mismo. ¡Nada! ¡Qué triste!

Si esta vez tampoco tiene suerte va a ser horrible, porque se va a sentir muy mal. Pero... ¿y si va todo bien? Bueno, él habla muy bien inglés, pero el alemán... creo que hace años hizo un curso de verano en una academia y ahora va a la Escuela Oficial de Idiomas, pero imagino que su nivel no es muy bueno. En Manchester no tuvo muchos problemas con el idioma, ¿pero en Alemania? Además, no es lo mismo ir a estudiar a otro país unos meses que ir a trabajar. Una cosa es irse* de vacaciones un par de semanas o un mes y otra muy diferente es irse a vivir. Vivir en un país donde todo el mundo habla una lengua que no conoces. Yo creo que no es tan fácil coger la maleta y emigrar sin saber cuándo vas

1 ¡Qué pasada!: *fam.* Krass! Abgefahren!
2 el tío: *fam.* Typ, Alter
3 currar: *fam.* arbeiten, schuften
4 el empleo: Stelle, Job

a volver. ¿Y la familia? ¿Y los amigos? ¿Y la comida? ¿Y la novia? ¿Novia? ¡Blanca! ¡Que mi hermano probablemente se va a ir a trabajar a Alemania! ¿Qué piensa Blanca de esto? ¿Y ella? Ella tampoco tiene trabajo, pero por lo menos está haciendo unas prácticas en un periódico, aunque creo que no le pagan*. Uf, ¡qué mal rollo![1] Parece que esa es la realidad* de nuestro país: ¡trabajar gratis!

¿Y qué van a hacer si a él le ofrecen[2] un contrato* en Alemania? Bueno, ese no es mi problema. Además, ¡todavía no tiene el trabajo!

Otra vez, estoy pensando demasiado en mi hermano, aunque yo ya tengo bastante con mis problemas. No tengo ni idea de qué voy a hacer en el futuro, y solo faltan unas semanas para hacer los exámenes de selectividad. ¡Y todavía no sé qué quiero estudiar! ¡Todavía no sé si quiero ir a la universidad y estoy pensando en los problemas de mi hermano y su novia!

CAPÍTULO 4 **Alemania busca el superingeniero**

Javi llega a la empresa casi media hora antes de la entrevista. Es importante ser puntual. Entra en la oficina y le dice a una chica en la entrada que tiene una cita[3] con el señor Weißer.

—Por aquí, por favor.

1 ¡Qué mal rollo!: *fam.* Das nervt total!
2 ofrecer a/c a alg.: jdm. etw. anbieten
3 la cita: Verabredung

Muy simpática, la secretaria le muestra una sala que está a su derecha. Javi entra en la sala donde tiene que esperar*.

—Muchas gracias.

Pasan cinco minutos. Javi toma una revista[1] que está encima de una mesa. Es un anuario[2] de la empresa, una de esas revistas con muchas imágenes y poco texto. Como esa mañana en la cocina de su casa con el periódico, Javi mira las fotografías sin leer los artículos. Otros cinco minutos. Todavía falta un cuarto de hora para la entrevista. Se levanta y va al baño. Se mira en el espejo. Otra vez piensa que el traje le queda un poco grande. La camisa y la corbata están perfectas. Si le dan el trabajo tiene que comprarse un traje nuevo. Uno bueno y elegante, no uno viejo de su padre. Uno de su talla, perfecto para él. Vuelve a la sala. A su izquierda hay una chica joven que lleva una falda negra, una blusa blanca y gafas.

—¡Buenos días!

Javi piensa que la chica parece muy seria. Seria y muy inteligente. También ella está nerviosa.

En ese momento, los dos ven a la secretaria en la puerta de la sala:

—Señor Nieto, por favor.

Javi se levanta. La chica lo mira con una sonrisa y le dice:

—¡Suerte!

Él le da las gracias[3] con otra sonrisa y un «igualmente[4]» mientras sale rápidamente de la habitación. La secretaria le

1 la revista: Zeitschrift
2 el anuario: Jahrbuch
3 dar las gracias a alg.: sich bei jdm. bedanken
4 igualmente: gleichfalls

muestra la oficina del director. En el momento de entrar, Javi escucha al señor Weißer, que le da la mano* y lo saluda:

—Pase, señor Nieto. Kommen Sie rein!

Javi se pone un poco nervioso cuando escucha hablar al señor Weißer en alemán, pero reacciona automáticamente:

—Danke, Herr Weißer.

—Por favor, siéntese[1] —dice el señor Weißer con una sonrisa—. Tranquilo, vamos a hacer la entrevista en español. Me alegro de conocerle.[2]

—Muchas gracias, yo también me alegro de estar aquí.

—Después de leer su currículum y su carta de presentación me gustaría darle la oportunidad[3] de presentarse[4] o de decir algo más sobre sí mismo[5].

—Bueno, además de las informaciones que ya tienen, quiero decir que soy una persona muy abierta y que estoy muy motivado para trabajar con ustedes.

—¿Por qué quiere trabajar en nuestra empresa?

—Su empresa es muy conocida en todo el mundo y el trabajo me parece muy atractivo. Conozco compañeros que hicieron prácticas con ustedes y están muy contentos con la experiencia[6]. Además estuve en Alemania dos semanas hace un año para visitar a un amigo y el país me gustó mucho.

—¿Por qué le interesa este trabajo?

—Me interesa el trabajo en su empresa porque tengo ganas de empezar una etapa nueva en otro país. Quiero

1 ¡Siéntese!: Nehmen Sie Platz!
2 Me alegro de conocerle.: Es freut mich, Sie kennenzulernen.
3 la oportunidad: Gelegenheit
4 presentarse: sich vorstellen
5 sí mismo/-a: sich selbst
6 la experiencia: Erfahrung

tener experiencias nuevas y creo que puede ser una oportunidad muy buena para mí. Me gustaría aprender y pienso que en su empresa es posible[1] porque hay muchos proyectos interesantes.

—¿Puede hablarme de su experiencia laboral[2]?

—Bueno, todavía soy muy joven y no tengo mucha experiencia laboral. Hice unas prácticas de cuatro semanas el verano pasado en una empresa de electrónica que se llama Tecnomiranda S.L. Es una empresa pequeña con pocos empleados*, pero fue una experiencia muy positiva.

—¿Qué cree que es lo más difícil al pasar de la vida de estudiante a la vida profesional?

—Quizás no es difícil, pero pienso que lo más diferente es el horario[3] y el ritmo de trabajo de una empresa. En mis prácticas no tuve muchos problemas para adaptarme[4] y trabajar como los otros compañeros.

—¿Prefiere trabajar solo o en equipo[5]?

—Bueno, la verdad es que me gusta mucho trabajar en equipo, estar con otros compañeros y aprender de ellos, pero también puedo trabajar solo. No tengo ningún problema en hacerlo si es necesario.

—¿Puede hablar un poco de sus cualidades y defectos[6]?

—¿Defectos? Creo que es difícil decir los defectos personales, pero… no sé, tal vez quiero hacer todo siempre per-

1 posible: möglich
2 la experiencia laboral: Berufserfahrung
3 el horario de trabajo: Arbeitszeit
4 adaptarse a a/c: sich an etw. anpassen
5 el equipo: Team
6 cualidades y defectos: Stärken und Schwächen

fecto. Pienso que soy una persona responsable[1], como se puede ver en mi currículum y en mis notas. Tal vez puedo repetir que me gusta aprender y trabajar en equipo.

—¿Por qué le debemos contratar[2] a usted y no a otro candidato[3]?

—No puedo hablar de otros candidatos que no conozco, pero sí le puedo decir que yo soy una persona que puede ofrecer mucho a su empresa. Estoy seguro de que voy a dar lo mejor de mí si me da la oportunidad de trabajar con ustedes.

—¿Qué le gustaría hacer en cinco años?

—Es difícil hablar del futuro. Me gustaría tener un buen trabajo y estar contento con mi vida, tal vez en Alemania.

—¿Qué aficiones tiene?

—Me interesa todo sobre mis estudios y leo revistas sobre ingeniería. También me gusta viajar, conocer otras culturas y aprender idiomas. En estos momentos estudio inglés y alemán en la Escuela Oficial de Idiomas aquí en Madrid.

—¿Cuándo puede empezar a trabajar?

—Soy flexible y puedo empezar a trabajar, por ejemplo, el próximo mes si es necesario.

—¿Tiene usted alguna[4] pregunta?

—Bueno, después de leer mucha información sobre la empresa en su página web, creo que no tengo más preguntas concretas. Si me dan el trabajo, lo único que me gustaría es

1 responsable: verantwortungsbewusst
2 contratar a alg.: jdn. einstellen
3 el/la candidato/-a: Bewerber/in, Kandidat/in
4 algún/alguno, alguna: (irgend-)ein/er, (irgend-)eine

tener más información sobre las primeras semanas en Alemania.

—Claro, ningún[1] problema. Quizás ya sabe que tenemos una persona en la empresa para ayudar a los empleados extranjeros[2] durante* las primeras semanas en el país.

—Sí, creo que es fantástico. También me gustaría saber si tienen casas o pisos para vivir los primeros días y si ofrecen clases de alemán.

—Los primeros días van a vivir en un hotel y después les vamos a ayudar a buscar un piso. Además tenemos cursos gratis de alemán, dos horas cada día durante los primeros meses.

—¡Qué bien!

—Por supuesto, también ofrecemos ayuda[3] para otros asuntos como ir al banco*, las visitas* al médico*...

—No está mal.

—¿Tiene alguna pregunta más?

—No, creo que de momento eso es todo.

—Perfecto, pues entonces muchas gracias por* venir. Le vamos a llamar por teléfono en los próximos días.

—Muchas gracias por su invitación a la entrevista. Espero su llamada.

Los dos se levantan, el señor Weißer va con Javi hasta la puerta y le da la mano.

—Exacto. Gracias y mucha suerte, ¡adiós!

—Auf Wiedersehen! —dice Javi con una sonrisa.

1 ningún/ninguno, ninguna: kein (einziger), keine (einzige) *hier* kein
2 extranjero/-a: ausländisch
3 la ayuda: Hilfe

Cuando Javi sale de la oficina va al baño muy rápido y bebe un poco de agua. Todavía muy nervioso se mira en el espejo y habla con su otro yo. Javi mira a los ojos a ese chico elegante de traje negro, camisa blanca y corbata verde que está enfrente de él. Durante un momento piensa que casi no lo conoce y le dice:

—Ya está, amigo. Ahora ya no puedes volver atrás.

CAPÍTULO 5 **¿Qué carrera te gustaría estudiar, Mateo?**

¡Riiiiing! A las dos y veinticinco, por fin suena el timbre del instituto. La profesora de Historia todavía está hablando de los ejercicios para la próxima semana, pero muchos chicos ya se levantan, cogen su mochila y salen de clase. Algunos no escuchan hasta el final los deberes que tienen que hacer durante el fin de semana. Mateo apunta en su cuaderno «Libro, página 78, ejercicio 2. Buscar información en Internet sobre la dictadura en España.» Cierra su mochila y también sale de clase.

Isabel es una profesora muy buena y la asignatura le gusta mucho, pero él todavía no lo tiene claro y piensa sobre el tema:

¿Estudiar Historia en la universidad? La verdad es que la situación es tan difícil... Si hago esa carrera seguro que voy a estar en el paro toda mi vida. ¿Pero qué carrera tengo que estudiar para tener una oportunidad real de encontrar trabajo? ¿Ingeniería? Muchos profes dicen eso, carreras técnicas, Ingeniería, Matemáticas*... Pero Javi estudió durante muchos años, sacó siempre muy buenas notas[1], estuvo un año en Inglaterra para aprender inglés, ¡y todavía no tiene trabajo! Si quiere trabajar, tiene que emigrar, como miles de jóvenes en España. A mí no me gustan mucho las asignaturas técnicas. Prefiero Historia, Lengua y Literatura, Música, Arte... ¿Pero quién necesita hoy en España a gente que estudia esas carreras? ¡Nadie*!

Mateo debe estudiar algo interesante para él pero con opciones reales de encontrar un trabajo. Los profesores y sus padres lo repiten todo el tiempo y él sabe que ellos tienen razón.

En ese momento, mientras está pensando muy en serio* sobre su futuro y sus opciones, ve a Sonia al otro lado de la calle. Su amiga le dice hola con la mano y él responde también:

—¡Hola, Sonia! ¿Ya te vas también a casa?

—Sí, normalmente los martes tengo clase hasta las cuatro y media, pero hoy el profe de Informática está enfermo, así que puedo irme a casa una hora antes.

—¡Qué suerte! ¿Y qué vas a hacer?

—Pues no sé, creo que me voy a ir a casa a empollar[2] un poco para el examen de Biología que tenemos el viernes.

—¿En serio?

—Biología me gusta mucho, pero hay que trabajar bastante.

—Para mí es superaburrida. Siempre tengo problemas con los deberes.

—Si quieres, puedo ayudarte.

1 sacar una buena/mala nota: eine gute/schlechte Note bekommen
2 empollar: *fam.* pauken, büffeln

—¿De verdad?

—Pues claro, si quieres, el jueves podemos estudiar juntos.

—Vale. Es que a mí Biología no me gusta.

—Bueno, a veces pienso que a ti no te mola[1] ninguna asignatura.

—¿Qué? Inglés me encanta y en Lengua siempre tengo buenas notas. En el último examen saqué un 9,5*[2]. Algunas[3] clases de Geografía e Historia* también me parecen muy interesantes, Educación Plástica no está mal... Música también me gusta.

—¡Eso es! Entonces ya sabes que puedes estudiar después del bachillerato. Por lo menos tienes algunas ideas.

—¿Para después estar en el paro? Es casi imposible encontrar trabajo con esas carreras. Tú lo tienes muy claro, quieres estudiar Medicina y siempre vamos a necesitar médicos.

—Bueno, puedes trabajar como profesor.

—¿Profesor yo? No creo.

—Mira, ¿por qué no vas a hablar con el orientador[4] del instituto? Seguro que él te puede decir las opciones que tienes si estudias esas carreras.

—¿El orientador? ¿De quién estás hablando?

—Sí, hombre, lo dijo la semana pasada el Moléculas en clase. Se llama Santiago y está dos días a la semana* en el instituto. Él te puede informar sobre los trabajos que puedes hacer en el futuro con esas carreras.

1 molar: *fam.* cool finden, gefallen
2 Das Spanische Notensystem geht von 1–10, 1 ist die schlechteste Note und 10 die beste.
3 algunos/-as: einige, manche
4 el/la orientador/a: Berufsberater/in

—Ya comprendo, pero...

—Creo que dijo que está todos los martes y jueves por la tarde, entre las cuatro y las seis. ¿Por qué no pasas por su oficina y hablas con él?

—No sé.

—¡Otra vez lo mismo! Cuando hablamos de esto siempre dices que no sabes.

—Es que no sé qué hacer. Lo voy a pensar, ¿vale?

—¡Ojalá!

—Bueno, Sonia, me voy por esta calle a la derecha. Tengo que ir a la biblioteca porque necesito un libro para la tarea* de Historia. ¡Nos vemos mañana!

—¡Vale! ¡Chao!

Mateo gira a la derecha para ir a la biblioteca y le dice adiós a Sonia, que sigue todo recto a su casa. En el centro hay mucha gente. Mientras va por la calle, él piensa en las palabras de su amiga. Muchísimas personas entran y salen de las tiendas de ropa. La biblioteca no cierra hasta las ocho de la tarde. Mateo mira la hora: son las cuatro menos diez. Quizás Sonia tiene razón, a lo mejor no es tan mala idea.

—Hoy es martes —dice antes de llegar a la esquina.

Entonces gira y coge la primera calle a la izquierda en dirección al instituto.

CAPÍTULO 6 **¡Vente a Alemania, Javi!**

Antes de salir del cuarto de baño, Javi se mira otra vez en el espejo. Después de la entrevista, ya está mucho más tranquilo. Le dice adiós a la secretaria y sale a la calle. Es un buen día y uno puede ver en la gente y en el ambiente de la calle que el verano ya está empezando.

Ya está —piensa—, ahora solo tengo que esperar.

Toma su móvil de la chaqueta y ve que tiene ocho llamadas perdidas[1] y tres mensajes. Siete llamadas son de Blanca y una de su madre. Todavía no quiere llamar a ninguna de las dos. Antes quiere leer los mensajes. El primero también es de Blanca: «Sé k en realidad tengo k enviarte un mensaje con la palabra SUERTE, xo no puedo. Prefiero tenerte akí conmigo*. Espero tu llamada. TQM». El segundo mensaje es de su madre: «Hijo, ¿qué tal* la entrevista? Si sabes algo, llámame al trabajo o al móvil. Suerte y un beso». Javi sabe que todos piensan en él en estos momentos. Todavía con el móvil en la mano, sigue por la calle en dirección a la estación de metro. El último mensaje es también de Blanca: «K tl todo? Estoy n casa, pasa x akí o mándame un mensaje y yo voy a tu casa».

Javi prefiere llamar para hablar con ella. La llama pero Blanca no contesta al móvil. Entonces Javi marca el número de teléfono de la casa de su novia.

—¡Dígame!

—¡Hola! ¿Está Blanca?

—Sí. ¿De parte de quién? —contesta su madre.

—Soy yo, Javi. Es que Blanca no me contesta al móvil.

—Pues no sé. Espera un momento, ahora se pone.

—Vale, gracias.

Javi espera unos segundos, hasta que Blanca coge el teléfono.

—¿Sí?

1 la llamada perdida: verpasster Anruf

—Hola, soy yo. ¿No tienes el móvil contigo*?

—Perdona, creo que lo tengo en la cocina.

—No importa.

—¿Qué tal la entrevista? ¿Todo bien?

—Sí, bueno... creo que sí.

—¿Y ahora?

—Dicen que me van a llamar por teléfono en los próximos días. Ahora solo podemos esperar.

—Comprendo. ¿Dónde estás?

—Estoy en la calle, voy a coger el metro. Puedo ir a tu casa, si quieres.

—Vale, ven y me cuentas todo sin prisa.

—Venga, un beso. ¡Hasta luego!

Media hora más tarde Javi toca el timbre de la casa de los padres de su novia y sube hasta la cuarta planta. Un poco seria, Blanca le abre la puerta del piso y le da un beso.

—Entra, vamos a la cocina. ¿Quieres tomar un café?

—No, tal vez un poco de agua. ¿Y tu madre?

—Mi madre ya no está, empieza a trabajar ahora a las doce.

—¿Y tu hermana?

—Está en la universidad. Estamos solos y podemos hablar tranquilos.

—Bueno, en realidad no sé si tenemos algo de qué hablar.

—¿Qué dices? ¿Y la entrevista?

—Bueno, creo que, de momento, no hay nada más que decir. Ahora tenemos que esperar.

—Sí, pero... ¿qué vas a hacer? Perdón, repito: ¿qué vamos a hacer si te dan el trabajo?

—Todavía no lo sé, pero creo que podemos esperar y no vale la pena discutir sobre algo que no sabemos si va a ser real.

—¡Qué típico*! Ese es tu problema, que no quieres hablar de los problemas hasta que es demasiado tarde. Yo no puedo esperar aquí sin hacer nada.

—No es eso... pero es absurdo hacer planes de futuro cuando todavía no sabemos si me van a ofrecer un contrato. Si llega el momento...

—Si llega el momento, ¿qué? ¿Qué voy a hacer yo? ¿Tú te vas a Alemania y yo me quedo aquí?

—Pues, a lo mejor puedes venir conmigo.

—¿Qué? ¿Irme contigo? ¿A Alemania?

—Sí, ¿por qué no? Ya ves que aquí la situación es muy difícil. Tus prácticas en el periódico están muy bien, pero no te pagan.

—Bueno, es algo para empezar. Mi jefe dice que tal vez más tarde...

—Todos nuestros amigos están igual. Todos viven en casa de sus padres. Si nos vamos a otro país podemos alquilar nuestro propio piso, vivir juntos... ¿No te gustaría?

—¡Claro que me gustaría! Pero las cosas no son tan fáciles.

—Nadie dice eso, pero puede ser una buena oportunidad para empezar una vida nueva en otro país.

—Sí, en un país muy lejos de nuestras familias, lejos de nuestros amigos... Y sin saber hablar la lengua.

—Sé que no es fácil, pero es mejor que vivir para siempre con mamá y papá. ¿O es que quieres vivir para siempre con tus padres?

—¡Por supuesto que no! Tú eres el que siempre dice que en casa de tus padres no se está tan mal, que tu madre cocina muy bien... Siempre con lo mismo, que a veces puedes usar el coche de papá, que ellos te ayudan mucho...

—¡Pero no podemos estar así toda la vida!

—Javi, como periodista, ¿dónde voy a encontrar yo un trabajo? Yo no sé una palabra de alemán. Creo que solo estás pensando en ti.

—Estoy pensando en los dos, Blanca. ¡Por eso estoy aquí!

—Yo no lo creo.

En ese momento suena el teléfono de Javi. La pareja* se mira. Blanca no dice nada.

—Seguro que es mi madre —dice Javi mientras busca el móvil en su chaqueta.

Cuando ya tiene su teléfono en la mano y ve quien está llamando, mira a su novia sin decir una palabra.

—¿Qué pasa? ¿Quién es?

—¡Son ellos, los alemanes!

CAPÍTULO 7 **¿Y después del bachillerato qué?**

Toc, toc, toc. Mateo toca a la puerta de la oficina del orientador del instituto a las cuatro y cuarto de la tarde. Nadie contesta. A la derecha de la puerta hay un cartel: «Santiago Díaz. Departamento de Orientación Laboral». Mateo escucha a una persona que está hablando por teléfono en la oficina. Espera unos minutos. Toc, toc, toc. Después de tocar otra vez, un hombre de más o menos cuarenta años, bastante alto y delgado, abre la puerta. Tiene el pelo rubio, no muy corto y lleva barba. Lleva unos vaqueros un poco viejos y zapatillas de deporte Debajo de su camisa se puede ver una camiseta amarilla con el eslogan: «Jóvenes sin futuro, sin casa, sin trabajo, SIN MIEDO».

—Hola, pasa, por favor.

—Hola, me llamo Mateo y estudio en este instituto, pero no sé si usted tiene tiempo ahora.

—Claro, no hay ningún problema. No tenéis que tener una cita para venir a hablar conmigo. Y por favor, Mateo, trátame de tú[1], que no soy tan viejo.

Mateo entra en la oficina y piensa con una sonrisa que el orientador parece un tío simpático.

—Pasa, siéntate. Dime, Mateo. ¿En qué curso estás ahora mismo?

Estoy en segundo de bachillerato. En menos de un mes voy a hacer la selectividad. La verdad es que me estoy poniendo un poco nervioso.

—¿Y ya sabes qué vas a hacer después de los exámenes? ¿Ya tienes alguna idea?

—No, ninguna. No estoy muy seguro. A veces pienso que me gustaría estudiar en la universidad, quizás Historia o Arte. Tal vez literatura o alguna carrera con idiomas. Me gusta mucho el inglés.

—No está mal, ya veo que tienes algunas ideas.

—Sí, pero otras veces pienso que es mejor hacer una formación profesional*. Tal vez Comercio Internacional*. Aprender una profesión* bastante rápido y empezar a trabajar. El problema es que* no soy muy bueno en matemáticas.

—Eso no es tan importante ahora, primero tienes que informarte. Tienes que saber que la formación profesional

1 tratar de tú a alg.: jdn. duzen

dura* dos años. Uno* va un año y medio al instituto y en los últimos seis meses se hacen prácticas[1] en una empresa.

—¿Y pagan algo durante las prácticas?

—No, es parte de la formación y no recibes dinero. Ahora quieren introducir el modelo alemán, que combina el instituto con la empresa. Vas dos veces a la semana al centro de formación profesional* y los otros días trabajas en la empresa. Yo creo que es un sistema* muy bueno porque te puedes acostumbrar* poco a poco* a la vida profesional.

—¡Qué interesante! Me parece una buena idea.

—¿Te gustaría trabajar en el extranjero*?

—Sí, aunque quizás no para siempre. Me gustaría vivir algunos años en otro país, tal vez en Inglaterra, Estados Unidos o Australia.

—¿Hablas otras lenguas, además del inglés?

—Sí, estudié francés en la ESO*.

—Si te gustan los idiomas, puedes estudiar Traducción, pero necesitas saber bien por lo menos tres lenguas.

—Parece interesante. A mí lo que me gusta de verdad es leer y escribir, y también me encanta el cine.

—Bueno, no es fácil encontrar trabajo en el mundo del cine en estos momentos. ¿Qué piensas sobre estudiar Periodismo? ¿Te gustaría trabajar en la televisión? ¿O tal vez en la radio o en un periódico?

—No sé, la novia de mi hermano estudió Periodismo y está haciendo prácticas en un periódico. Está bastante contenta, pero creo que no le pagan.

—Sí, es lo normal casi siempre cuando empiezas a trabajar en un periódico o si haces prácticas durante la carrera.

1 se hacen (prácticas): man macht (ein Praktikum)

—¡Pero yo no tengo ganas de trabajar gratis!

—Te comprendo, pero en estos momentos muchos chicos y chicas que salen de la universidad no tienen ninguna opción mejor. Muchos están emigrando a otros países porque tienen más oportunidades.

—Lo sé. Mi hermano está pensando en irse a Alemania a trabajar como ingeniero.

—Bueno, tú todavía eres muy joven. Primero tienes que aprobar* el bachillerato y la selectividad. En otros países algunos jóvenes hacen un año de voluntariado antes de ir a la universidad.

—¿Un año de voluntariado? ¡Qué interesante! ¿Y cómo es eso exactamente?

—Hay organizaciones que buscan a jóvenes para ayudar en proyectos en otros países, normalmente en África o en América Latina.

—¡Qué aventura! Parece genial, seguro que uno puede aprender mucho, ¿no?

—Sí, claro. Normalmente no pagan, pero yo creo que vale la pena.

—No sé, creo que puede ser una buena idea, pero está claro que tengo que hablar con mis padres.

—Por supuesto ahora tienes que estudiar para los exámenes finales y para la selectividad. Después de aprobar es cuando llega el momento de decidir.

—Tienes razón.

—Sí, vamos a ir poco a poco. Puedes pensar en las diferentes opciones, pero ahora tienes que sacar buenas notas en el bachillerato.

—¡Claro! Muchas gracias por todo.

—De nada. Si quieres, puedes pasar por aquí en las próximas semanas o después de los exámenes y hablamos otra vez del tema.

—Vale, seguro que lo voy a hacer. ¡Hasta la próxima!

—¡Adiós!

Aunque no tiene prisa, Mateo sale muy rápido de la oficina de Santiago y va a la biblioteca, mucho más motivado, a buscar el libro que necesita para hacer los deberes de Historia.

CAPÍTULO 8 **El pasado y el futuro**

Después de una llamada telefónica de diez minutos, Javi todavía no lo puede creer. Una y otra vez piensa en las palabras del señor Weißer:

—Su currículum es excelente y nos gustaría ofrecerle un contrato de trabajo en nuestra empresa.

Blanca tampoco puede creer lo que dice Javi.

—¿Cómo puede ser? ¿Tan pronto? ¿Te llaman solo unas horas después de la entrevista?

—Sí, y dicen que solo tengo tres días para contestar si quiero el trabajo.

Javi sabe que lo tiene que pensar muy bien. Es la decisión[1] más importante de su vida hasta ese momento. Cuando piensa en el tema, se pone un poco nervioso y prefiere salir a la calle. Le da un beso a Blanca y le dice que más tarde la va a llamar por teléfono. Él comprende su reacción, porque a él también le gustaría quedarse en España. Ojalá algún día,

1 la decisión: Entscheidung

pero en este momento parece imposible encontrar trabajo aquí.

Javi necesita hablar con alguien sobre el tema pero, ¿con quién? Sabe que sus padres van a decirle que puede vivir en casa. Mateo ya tiene bastante con el instituto, el estrés* de fin de curso[1] y la selectividad. Le gustaría hablar con alguien con experiencia en el extranjero, pero él no conoce a nadie. ¿O sí? ¡Su abuela, claro! Sus abuelos emigraron hace casi 50 años a Zúrich. A lo mejor no es mala idea hablar con ella, que ya sabe lo que es irse de España y buscar trabajo en otro país. Después de un minuto, Javi no está muy seguro, porque cree que, aunque la abuela sabe un montón de cosas, tiene a veces «ideas de abuelos». Es casi la hora de comer y a Javi le gustaría pasar por su casa porque vive cerca de allí.

Ya no estamos en 1965 y todo es hoy muy diferente, pero no pierdo nada por charlar con ella y puede ser interesante —piensa—. La abuela siempre nos invita*. Si voy a comer con ella, ¡seguro que le encanta!

Javi coge el móvil y marca su número.

—¡Dígame!

—¡Hola, abuela! Soy yo, Javi, ¿cómo estás?

—¡Vaya! ¡Javi! ¿De dónde estás llamando?

—De la Puerta del Sol.

—¿Estás en el centro? ¡Qué bien!

—Sí, voy a coger el metro.

—Son casi las dos menos cuarto y yo tengo aquí unas chuletas con patatas y ensalada estupendas. Seguro que tienes hambre, ¿por qué no vienes y comes conmigo?

1 el fin de curso: Schuljahresende

—Bueno, vale —contesta Javi a su abuela y piensa con una sonrisa que ella no va a cambiar nunca[1].

—Perfecto, ya llamo yo a tu madre y le digo que comes conmigo. Venga, un beso.

—Vale, ¡adiós!

Veinte minutos más tarde, Javi está delante del piso de su abuela. Ella abre la puerta y le da mil besos a su nieto. Aunque ya tiene más de 70 años, parece más joven. Lleva ropa que está de moda: unos vaqueros azules y una blusa blanca muy moderna.

—¡Anda, pasa! ¡Qué guapo!

—Siempre lo mismo. ¡Tú también, abuela!

—Ven a la cocina. Falta todavía un poco, pero puedes poner la mesa.

—Por supuesto, ¿dónde están los vasos? En el armario de la derecha, ¿no?

—No, esos no. Coge los que están en el armario pequeño de la izquierda.

Javi saca uno y lo muestra a su abuela.

—¡Exacto! ¡Esos! Te gustan las chuletas de cerdo, ¿verdad?

—¡Claro, me encantan!

Durante la comida la abuela y su nieto hablan sobre los padres de Javi y el resto de la familia. También charlan sobre otros temas.

—¡Qué rico! Cocinas superbien, abuela.

—¡Qué va! En realidad cocinar siempre fue la afición de tu abuelo.

1 no... nunca: nie

—Sí, es verdad. Él trabajó como cocinero* cuando estuvisteis en Zúrich, ¿no?

—Bueno, él siempre estuvo en una empresa de coches, pero los primeros dos años también trabajó en un restaurante español los fines de semana. Siempre le gustó mucho cocinar. Bueno, y a mí también me gusta.

—¡Ya veo! Dime, abuela, ¿cuántos años vivisteis allí?

—¿En Zúrich? Casi diez años. Tu abuelo y yo nos hicimos novios[1] allí. Nos casamos durante unas vacaciones de verano y, como ya sabes, tu madre nació y vivió en Zúrich hasta los cinco años. Decidimos volver a España cuando nació tu tío Pablo, en 1973.

—¿Y por qué os fuisteis a Suiza?

—Bueno, tu abuelo y yo nos fuimos con un grupo muy grande de jóvenes del pueblo. La verdad es que emigramos porque nos ofrecieron a todos un contrato de trabajo. Aquí en España...

—Lo mismo que ahora... un montón de paro, ¿no?

—Sí, más o menos... y pocas oportunidades de tener un buen futuro. Nosotros nos fuimos en 1964.

—¿Y cómo fueron esos años? Cuéntame.

—No fue fácil, sobre todo los primeros meses. De repente estás en un país nuevo, con una lengua que no hablas, tu familia y tus amigos están muy lejos.

—Tiene que ser muy difícil. Aunque a mí también me parece una aventura.

—Un poco, pero no es para tanto. Después de un tiempo, uno se acostumbra, aunque siempre quieres volver a casa. Fue una experiencia muy buena para nosotros.

1 hacerse novios: zusammenkommen (als Paar)

—¿Y por qué volvisteis?

—Trabajamos mucho durante esos años y luchamos por un futuro mejor aquí en España. Por suerte, tomamos la decisión de volver en el momento adecuado.

—¿Por qué dices eso?

—Bueno, tu madre empezó la Educación Primaria Obligatoria* poco después con seis años, aquí en España. Creo que para ella fue más fácil. Volver a España más tarde, con 11 o 12 años, por ejemplo, cuando ya tienes amigos... seguro que es mucho más difícil.

—¿Entonces estás segura de que emigrar fue una buena idea?

—Sí, tuvimos una buena oportunidad y volvimos con más experiencia, muchos amigos y una lengua nueva. Es verdad que no es fácil pero... ¡creo que vale la pena!

De repente ella se da cuenta y lo comprende todo. Javi está pensando en emigrar, igual que lo hicieron ellos hace cincuenta años.

—Tú me estás preguntando mucho. ¿Es que quieres irte a trabajar al extranjero?

—Tal vez, creo que, en estos momentos, emigrar a Alemania puede ser una buena opción para mí.

—¿En serio? Cuando nosotros emigramos, nos fuimos sin formación, sin estudios. Tú en cambio tienes una carrera. Nosotros nos fuimos a Suiza sin hablar alemán o francés y tú ya hablas otras lenguas. Tienes que tener claro que Alemania y España son muy diferentes.

—Sí, pero aquí es casi imposible[1] encontrar un trabajo. Hace un rato recibí una llamada. Me ofrecen un contrato y tengo que dar una contestación en los próximos días.

—Piénsalo bien. Tienes que estar muy seguro.

—Lo sé, por eso creo que hablar contigo sobre el tema me puede ayudar mucho.

Los dos charlan todavía un rato sobre el tema pero la abuela sabe que Javi, en el fondo*, ya tomó la decisión hace tiempo.

CAPÍTULO 9 **Una reunión familiar en la cocina**

Con el libro para hacer los deberes de Historia en la mochila, Mateo sale de la biblioteca y se va a su casa. Ya es tarde y todavía no sabe nada de su hermano. Le escribe un mensaje para saber qué tal la entrevista: «K tal todo? Ya estás en casa? Llego a las 6 y me cuentas, vale?».

En la calle, Mateo piensa en el futuro mientras escucha música en su móvil. De repente hace una pausa delante de una agencia de viajes*. Hay ofertas a algunos países de Europa*, también a Bolivia* y a Uruguay. Él siempre quiso viajar, ver mundo, conocer las tradiciones* de otros países y aprender las diferencias* culturales*. Cuando lee un cartel a la izquierda «Se necesita técnico superior en agencia de viajes[2]», piensa en su prima Marta. Ella hizo una formación profesional de grado superior* y trabajó un tiempo

1 imposible: unmöglich
2 el/la técnico/-a superior en agencia de viajes: Reiseverkehrskaufmann/ -frau *(Titel)*

como agente de viajes*. En su tiempo libre aprendió inglés y francés. Durante las vacaciones se fue un verano a Londres y otro año a París para practicar. Unos años después pudo dedicarse* a la profesión que siempre fue su sueño*: azafata*.

Pero no siempre todo es tan perfecto como parece. Marta siempre dice que tiene que hacer un montón de horas extra* que no le pagan casi nunca. Está claro que ningún trabajo tiene solo ventajas*, tampoco el trabajo ideal.

Cuando llega a casa, Mateo abre la puerta. Escucha a sus padres y a su hermano en la cocina, que están hablando sobre la entrevista. Los tres se ríen ruidosamente y no se dan cuenta de que Mateo está allí:

—¡Qué jaleo! ¿Qué tal la entrevista?

—Venga, Javi, repite a tu hermano lo que te dijo el jefe de la empresa alemana —contesta su madre muy contenta.

—¿Qué? ¿Ya tenemos buenas noticias? —pregunta Mateo con mucho interés.

—Pues sí, tu hermano tiene un contrato como ingeniero y se va a trabajar a Alemania —dice su padre también muy feliz.

Mateo mira a su hermano, que parece supercontento.

—¡Qué guay[1]! Bueno, y también ¡qué pena! Es una gran oportunidad para ti, pero para nosotros...

—¡Qué va! Seguro que tú ahora estás pensando: por suerte se va y me quedo por fin solo como jefe de la casa —dice Javi y se ríe, después de guiñarle un ojo a su hermano.

—Claro. La verdad es que sí. ¡Ya no aguanto más! ¡Menos mal!

1 guay: *fam.* super, klasse, cool

—¡A mí no me parece divertido! —dice la madre muy seria.

—Pero entonces, ¿ya es seguro? —pregunta Mateo.

—Bueno, sí. Tengo que contestar antes de pasado mañana*, pero ellos me ofrecen un contrato bastante bueno para trabajar en Alemania los próximos tres años.

—¡Qué pasada! Pero cuenta, tío, ¿cuándo te vas?

—Todavía no lo sé. En primer lugar tengo que firmar el contrato el próximo viernes. Después me van a decir en qué ciudad voy a vivir. Me gustaría mucho ir a Berlín o Múnich, pero creo que es bastante difícil. Normalmente necesitan sobre todo a gente en ciudades no muy grandes.

—¡Y vas a tener que empollar alemán en serio!

—¡Sí, claro! Pero en la empresa casi todos saben hablar muy bien inglés. Además, hay cursos de alemán para todos los compañeros nuevos de otros países. El jefe dice que todos ayudan mucho a los nuevos colegas*. Poco a poco.

—Es genial. ¿Y qué dice Blanca?

—¿Blanca? Pues, no dice nada —contesta Javi muy serio.

De repente, Mateo piensa que su pregunta cambia el ambiente de fiesta de su familia por el mal humor* de su hermano.

—Perdona, yo no… —dice Mateo, que se da cuenta de que su hermano no quiere hablar del tema.

Javi sale de la cocina y entra en su habitación. Sus padres miran a Mateo y saben que él quiere muchísimo a su hermano. Si al final se va, las cosas van a cambiar mucho, para él, para Blanca y para toda la familia. Pero seguro que todo va a ir bien. En ese momento la madre mira la hora: son las seis y cinco.

—Cambiando de tema —dice su madre—. ¿Tú no tienes que ir al dentista a las seis y cuarto?

CAPÍTULO 10 **La decisión más importante de su vida**

¡Riiiiing! Javi no duerme desde hace horas cuando a las ocho en punto de la mañana suena el despertador. Desde las cinco ya está pensando en el contrato de trabajo, en su familia y sus amigos. Y en Blanca, sobre todo en Blanca. Firmar ese documento significa empezar de cero en un nuevo país, sin toda la gente que él quiere y también sin Blanca.

Es martes y sabe que no tiene mucho tiempo antes de tomar la decisión más importante de su vida. Javi se levanta, entra en el cuarto de baño y pone un programa de radio* de noticias y entrevistas. El periodista presenta los nuevos datos del paro y explica que muchos jóvenes con estudios se van del país. ¿Otra vez? Javi piensa que ya no puede escuchar una palabra más sobre el tema. Es agotador y todo el tiempo le parece que desde el periódico, la televisión y la radio están hablando con él: «Javi, vete, emigra, aquí no tienes futuro. El sistema laboral español no ofrece alternativas. Estás perdiendo el tiempo. ¿A qué esperas? ¿Quieres tener algún día un coche, una casa o una familia? Hoy, en España es imposible. ¡Emigra!».

Javi desayuna bastante rápido y sale de casa para dedicarse a algunos asuntos formales* que necesita preparar si se va a Alemania: médico, documentos del banco, diplomas, boletines* de notas...

Después de ir de un lugar a otro durante las primeras horas de la mañana, Javi por fin tiene todo listo. Ya se va a casa cuando a las doce y media ve a su amigo Khaled en una calle del centro.

—¡Hola, Khaled! ¿Qué pasa?

—¡Eh! ¡Hola, tío! ¿Todo bien?

—Sí, bueno, más o menos.

—¿Más o menos? ¿Y eso? —repite Khaled—. Pareces un poco triste.

—Claro, tranquilo, no es para tanto.

—Cuéntame, ¿algún problema con Blanca?

—No, ¡qué va! Es que estoy pensando en irme al extranjero.

—¿En serio? ¿Adónde quieres ir?

—Me ofrecen un trabajo en Alemania. Tengo que dar una respuesta mañana y no sé qué contestar, ¡no tengo ni idea!

—¡Qué suerte! Aquí todo está fatal, la verdad. Te comprendo perfectamente.

—Bueno, no es fácil. Todavía no sé qué hacer.

—Uf, tienes que estar seguro, pero yo creo que no es mala idea irse de España durante un tiempo.

—Claro, Khaled, eso lo dices porque tú tienes trabajo aquí. Vivir en el extranjero, lejos de la familia y de los amigos tiene que ser muy difícil.

—¿A quién crees que le cuentas ese problema? —se queja Khaled con una sonrisa irónica—. Javi, a veces parece que vosotros ya no os dais cuenta. Ya sabes que yo nací aquí en Madrid, pero mis padres vinieron desde África hace 25 años. Yo tengo a mis abuelos y un montón de familia en Marruecos. Ellos emigraron porque no vieron oportunidades allí y tuvieron que luchar muchísimo. Estoy seguro de que fue muy difícil empezar aquí una nueva vida, sin trabajo, sin hablar español...

—Claro, es verdad, perdona —reconoce Javi.

—La vida no es fácil para nadie. Ya ves, mi sueño siempre fue ser veterinario* y ahora trabajo como mecánico*. Esta profesión también me gusta mucho, pero hay que trabajar muchas horas. Además, con este trabajo no se gana mucho dinero y uno tiene que ensuciarse*.

—A ti te encantan los coches. Estás haciendo algo que te gusta. Para ti es guay, porque combinas* tu afición con tu profesión.

—Bueno, eso es verdad. Aunque a veces no es tan fácil como la gente piensa, yo no me quejo. Yo hice el ciclo de formación profesional de grado medio* y tuve suerte. Estoy contento, pero en estos momentos es muy difícil encontrar algo. A lo mejor, un trabajo eventual si tienes contactos* o conoces a alguien.

—Como ingeniero es casi imposible.

—Puede ser, y por eso tienes que pensarlo bien. Algunas veces tomar la decisión correcta es complicado, pero vale la pena.

—Tienes razón. Tengo muchas ganas de mostrar que realmente puedo hacerlo. Me gustaría mucho disfrutar y aprender un tiempo en Alemania. Pero también creo que no me gustaría quedarme allí para siempre.

—Por supuesto. Seguro que en el futuro la situación va a ser mejor en España y vas a poder volver con más experiencia para trabajar aquí.

—¡Ojalá! —dice Javi con ojos un poco tristes, pero que también muestran muchas ganas de vivir algo nuevo.

Después de charlar un rato, los amigos se despiden[1]. Una y otra vez las palabras de Khaled se repiten en la cabeza de Javi y le ayudan a tomar la decisión más difícil de su vida. ¡Ojalá!

CAPÍTULO 11 **Una fiesta para Javi**

Al día siguiente, Javi llama al jefe de la empresa alemana y firma el contrato. Aunque Mateo está muy feliz porque su hermano tiene un trabajo, al mismo tiempo está un poco triste. Ese contrato significa que Javi se va a vivir a Alemania y que nadie sabe cuándo va a volver. La hija del vecino estudió Empresariales y después de la carrera se fue a Londres para trabajar en la capital inglesa seis meses. Hoy, cuatro años más tarde, todavía está allí.

Mateo quiere pensar que con su hermano todo va a ser diferente. El contrato en el extranjero es una buena oportunidad y seguro que va a volver a España algún día con más experiencia y con buenos conocimientos de alemán.

Una semana después, Mateo planifica* una fiesta de despedida[2] para su hermano el viernes siguiente. Con la ayuda de sus padres y algunos amigos, él prepara todo. Se va con Sonia al supermercado.

—¿Tienes la lista de la compra? —pregunta Sonia a Mateo.

—Un momento, a ver. Sí, aquí está: 6 barras de pan, 750 gramos de chorizo, 800 gramos de jamón serrano, queso

1 despedirse de alg.: sich von jmd. verabschieden
2 la fiesta de despedida: Abschiedsparty

manchego, tomates para hacer una ensalada, 6 botellas de agua mineral... Hay que comprar mucha comida y bebida.

—¡Y zumo de naranja!, apunta.

—Sí, vale, ya está, zumo de naranja para Sonia. ¿Qué más falta?

—Creo que ya no falta nada. Oye, ¿cómo vamos a llevar todo a casa?

—Tranquila, mi padre viene después en coche y nos recoge.

—Ah, genial. Bueno, tenemos que poner bote, ¿no? ¿Cuánto ponemos cada uno? ¿Tú que dices?

—¿Poner bote? No, ¡qué va!, mi madre dice que no. Ellos quieren pagar todo lo que necesitamos para la fiesta.

—¿De verdad? Entonces todos los amigos podemos comprar juntos un regalo para tu hermano.

—Me parece bien pero, ¿qué? Yo no tengo ni idea y tú siempre eres muy creativa*.

—¿Yo? Mateo, es tu hermano, tú lo conoces mejor. ¿Qué le gusta?

—Pues, le gustan los deportes, viajar, tocar la guitarra...

—¿Sabes si va a vivir en un piso compartido?

—Creo que sí, en la empresa le ayudan a buscar una habitación con otros compañeros.

—Entonces, a lo mejor algo para su nueva casa o algunas fotos de la familia o de los amigos.

—¡Qué guay! Seguro que le va a encantar algo así.

— Perfecto. Bueno y... ¿cuántas personas van a venir a la fiesta?

—Creo que 30, más o menos. La mayoría* de sus amigos ya me contestaron. Solo su amigo Rafa, el arquitecto*, no puede venir porque está trabajando hasta el lunes en Barcelona.

—¡Qué mala pata!

—Sí, pero va a ser una fiesta genial. Nico, el informático*, va a llevar su ordenador portátil para poner música.

—¿Quién? ¿El chico rubio de ojos azules que trabaja como diseñador de páginas web*?

—¡Exacto! Ya veo, ya veo... Pues sí, él va a poner música.

—¡Cómo mola! Podemos escuchar música y bailar.

—Sí, pero sin subir mucho el volumen[1] para no tener problemas con mis padres.

—¡O con los vecinos! Seguro que no va a haber ningún problema.

En el supermercado, los dos chicos compran todo lo que necesitan y llaman al padre de Mateo. Él los recoge en coche y los tres se van a casa para preparar lo que falta para la fiesta.

—¿Estáis seguros de que ya tenemos todo? —pregunta su padre a Mateo.

—Creo que sí. Además, el viernes por la tarde Blanca va a recoger dos pizzas grandes en el restaurante italiano que está al lado de su casa.

—Perfecto, pues vamos ya, porque tu madre está preparando todo y tenemos todavía bastante trabajo.

Esa noche, ya en la cama, Mateo no puede dormir porque está pensando en todo lo que va a cambiar en las próximas semanas: Javi se va a Alemania, él va a hacer los exámenes de la selectividad y poco después tiene que decidir qué va hacer.

1 subir el volumen: lauter machen

Si apruebo todo y no tengo asignaturas pendientes[1], me gustaría disfrutar de un verano genial, pero... ¿y después? ¿Voy a hacer una formación profesional? ¿Voy a estudiar una carrera en la universidad? Pero, ¿cuál? ¿Me voy a quedar en casa o voy a ir a vivir a otra ciudad? A lo mejor en vez de* preparar la fiesta de despedida de Javi tengo que pensar en una fiesta también para mí, ¿o no?

CAPÍTULO 12 **¡Adiós España!, Hallo Deutschland!**

El viernes por la mañana, Javi va al peluquero* de su barrio. Antes de salir se mira en el espejo y piensa que con el pelo corto parece mayor. Un rato después pasa por la agencia de viajes para recoger la documentación de su vuelo* el próximo domingo. Cuando Javi tiene el ticket en la mano, con su nombre y apellidos, piensa muy serio que ahora ya tiene todo lo que necesita. Ya está listo para irse.

Después de comer con su familia, Javi queda con unos amigos en el centro a las cinco y media de la tarde. Cuando llega, todavía no hay nadie[2] en la cafetería. Toma un café con leche y lee un rato el periódico. Solo faltan dos días para irse de España y piensa otra vez en Blanca. Sabe que su novia lo está pasando fatal con toda esta situación desde hace días. Por suerte, parece que ahora ella está más tranquila y ya dice que le gustaría tomar clases de alemán. A las seis menos cuarto, Javi escribe algunos mensajes con el móvil a sus amigos, pero no contesta nadie.

1 tener una asignatura pendiente: ein Fach noch bestehen müssen
2 no... nadie: niemand

Cinco minutos más tarde, uno de los empleados de la cafetería va a su mesa.

—¡Hola! Tú eres Javi, ¿no? Tengo una carta para ti —le dice.

—¿Para mí? ¿De quién es? —pregunta Javi y abre la carta con las dos manos.

—Es un mensaje anónimo —se ríe y le guiña un ojo el empleado.

Esto solo puede ser idea de Mateo —piensa Javi y lee el texto: «Perdona, sabemos que estás esperando desde hace un rato. Estamos en tu casa. ¡Ven rápido!».

Media hora más tarde, Javi llega a su casa y encuentra un cartel enorme en la puerta de su casa: «¡Adiós España!, Hallo Deutschland! Vuelve pronto, Javi. ¡Te queremos!».

Cuando entra en el piso, ve que allí está toda la gente que le importa: sus padres, Mateo, sus abuelos, sus primos, sus tíos, muchísimos amigos... y Blanca.

El ambiente es fenomenal. Encima de las mesas hay bocadillos de jamón, queso, chorizo y tres o cuatro ensaladas. También hay mucha bebida, y su amigo Nico está poniendo música en una esquina. Javi está en el centro de la sala y no sabe qué decir. A su alrededor están todas las personas que él quiere y que le quieren. Mira a todos sus amigos. Blanca también está entre ellos, sin decir nada y con los ojos muy tristes. Una vez más se da cuenta de que estar tan lejos va a ser más difícil de lo que piensa. Entonces, Javi mira a Mateo, que está entre sus padres con una gran sonrisa de oreja a oreja y le pregunta:

—Hermanito, tú tienes la culpa* de todo esto, ¿verdad?

—¿Yo? ¡Por favor! —se ríe Javi—. Venga, ¡todos a bailar!

Nico sube el volumen de la música y algunos chicos empiezan a bailar. Los abuelos le dan un beso a su nieto y le preguntan si ya tiene todo listo para el viaje. Todos los amigos quieren decirle adiós a Javi y las palabras «mucha suerte» se repiten una y otra vez.

Durante horas, la familia y los amigos de Javi comen, beben, bailan y charlan. Mateo está bailando con Sonia, pero ella está mirando todo el rato a Nico, el chico rubio de ojos azules que está poniendo música en la fiesta. Parece que para ella no hay más gente en la fiesta. Tampoco es tan guapo —piensa Mateo. Los otros amigos hablan, se ríen y cuentan cosas divertidas. Después de dos horas, la abuela de Javi le da un beso antes de irse:

—Bueno, ya es tarde y me tengo que ir. Llama o escribe desde Alemania, ¿vale?

—Claro, abuela, te llamo en unos días. Y gracias por tu ayuda, de verdad.

—Seguro que va a ir todo genial. Venga, me voy. ¡Pasadlo bien!*

Después de un rato, algunos amigos se van. Javi y Blanca por fin pueden hablar un poco más tranquilos.

—¿Estás bien? ¿Te gusta la fiesta? —le pregunta Blanca.

—¡Claro que me gusta! ¡Es genial! Muchas gracias por todo.

—No tienes que dar las gracias. Si todos están hoy aquí contigo es porque eres importante para ellos. Ya sabes que no te cambiamos* por nada en el mundo. Aquí, la vida sin ti va a ser muy diferente, sobre todo para mí.

—A lo mejor pueden venir a visitarme a Alemania. O todavía mejor, a visitarnos a los dos, ¿no crees?

En vez de contestar, Blanca le da un beso. Aunque ninguno lo dice, los dos piensan lo mismo:

¡Ojalá!

CAPÍTULO FINAL **¿Y ahora qué?**

La despedida de Javi en el aeropuerto es un momento muy triste para todos. Solo dos semanas después Javi ya puede decir que la vida en Alemania es muy diferente, pero se acostumbra rápido y sin muchos problemas. Casi todos los días habla por Internet con Blanca y le cuenta sus nuevas experiencias: la nueva vida en el extranjero y los planes que él tiene… ¿para los dos?

¿Y Mateo? En la última semana del mes de junio, él y Sonia hacen la selectividad en la universidad. El primer día, a las nueve y media, tienen el examen de Lengua Española. Todos los alumnos están muy nerviosos. Cuando reciben los ejercicios, todos empiezan a escribir y por fin ya se quedan más tranquilos. Dos horas más tarde les toca Historia y por la tarde Inglés. El segundo día empiezan con Biología y Ciencias Sociales y después de comer, a las cuatro y media, hacen el examen de Física. Al final de la tarde saben que ya les falta menos de la mitad* para estar listos. Por fin el tercer día tienen los exámenes de Matemáticas, Educación Plástica y Química.

Después de tres días agotadores, los chicos casi no pueden más, pero están muy felices. Saben que tantas horas de trabajo valen la pena. Durante el fin de semana, todos los alumnos del instituto hacen una fiesta juntos. Ahora solo tienen que esperar.

Diez días después, Sonia y Mateo están viendo una película en casa cuando reciben un mensaje al móvil en su grupo de amigos del instituto: «x fin! Las notas de selectividad ya están en la red». Los dos chicos no dicen nada y miran el ordenador portátil que tienen sobre la mesa.

—¡Tú primero! —dice ella muy rápido.

—No, por favor, ¡las mujeres y los niños primero! —contesta él con una risa nerviosa.

Sonia abre la página web de la universidad. Escribe su nombre y su número de su DNI[1]. Ella sabe que necesita una nota muy alta para poder estudiar Medicina. Cuando por fin la ve, casi no puede creer la fantástica nota que tiene:

—¡Un 9,3! ¡No puede ser verdad! ¡Sí, sí! ¡Tengo un 9,3! ¡Sí!

—Enhorabuena, futura doctora —le dice Mateo muy contento.

—¡Gracias! ¡Qué guay! Pero venga, ahora tú, rápido...

Mateo toma el ordenador portátil y también él escribe su nombre, sus apellidos y su número de su DNI. Mateo Nieto López. Intro[2]. 76.689.853. Intro. Cierra los ojos porque no quiere ver su nota. La página necesita un momento para mostrar la información. Mateo está muy nervioso y no puede pensar. No dice nada. Sonia mira el ordenador y coge la mano de su amigo. Entonces Mateo abre los ojos. Los dos chicos juntos ven por fin su nota de selectividad.

Mateo, todavía un poco nervioso, mira a Sonia a los ojos y le dice:

—¡Vaya! ¿Y ahora qué?

1 el DNI (Documento Nacional de Identidad): Personalausweis
2 intro: Enter (Computerbefehl)

Lernwortschatz der Unidad 7

a la semana pro / in der Woche
acostumbrarse (a) sich gewöhnen (an)
el/la actor/actriz Schauspieler/in
la agencia de viajes Reisebüro
el/la agente de viajes Reiseverkehrskaufmann/-frau (Beruf)
Alemania Deutschland
anónimo/-a anonym
aprobar (una asignatura / un examen) (o>ue) (ein Fach / eine Prüfung) bestehen
el/la arquitecto/-a Architekt/in
la asignatura Schulfach
ayudar helfen
el/la azafato/-a Flugbegleiter/in
el banco Bank
el boletín Zeugnis
Bolivia Bolivien
cambiar (por) tauschen (gegen)
la canción Lied
el/la cantante Sänger/in
el carnaval Karneval
el centro de formación profesional Ausbildungszentrum
el/la cocinero/-a Koch/Köchin
el/la colega Kollege/in
combinar kombinieren
Comercio Internacional internationaler Handel
conmigo mit mir
el contacto Kontakt
contigo mit dir
el contrato Vertrag
creativo/-a kreativ
la culpa Schuld
cultural kulturell
darse cuenta (de a/c) (etwas) bemerken
dedicarse (a) sich (beruflich) beschäftigen (mit)
la diferencia Unterschied
difícil schwierig
el/la diseñador/a de páginas web Webdesigner/in
durante während
durar dauern
Educación Primaria Obligatoria Grundschulbildung
el problema es que das Problem ist, dass
el/la empleado/-a Angestellte
en el fondo im Grunde, eigentlich
en realidad eigentlich, in Wahrheit
en serio wirklich / im Ernst
en vez de anstatt
ensuciar(se) (sich) schmutzig machen
ESO (Educación Secundaria Obligatoria) Mittelstufe (Schule)
esperar (er-) warten
estar seguro/-a (de) sicher sein
el estrés Stress

Europa Europa
explicar erklären
el extranjero Ausland
Farmacia Pharmazie (Fach)
Física y Química Physik und Chemie (Fach)
la formación profesional Berufsausbildung
formal formell, förmlich
el/la fotógrafo/-a Fotograf/in
el/la futbolista Fußballspieler/in
el futuro Zukunft
Geografía e Historia Erdkunde und Geschichte (Fach)
gracias por danke für
el grado medio *hier:* mittlere Berufsausbildung
el grado superior *hier:* höhere Berufsausbildung
la hora extra Überstunde
el idioma Sprache
el/la informático/-a Informatiker/in
el/la ingeniero/-a Ingenieur/in
internacional international
la invitación Einladung
invitar (a alg.) jdn. einladen
irse weggehen
lo que (das) was
el mal humor schlechte Laune
la mano Hand
Matemáticas Mathematik (Fach)
la mayoría Mehrheit
me gustaría ich würde gerne
el/la mecánico/-a Mechaniker/in
el/la médico/-a Arzt/Ärztin
mismo/-a gleiche/r/-s, selbe/r/-s
la mitad Hälfte
la mujer Frau
el/la músico/-a Musiker/in
nadie niemand
no... nada nichts
no... nadie niemand
no... nunca nie
la nota Note
pagar bezahlen
el país Land
la pareja Paar, Partner/in
¡Pasadlo bien! Macht's gut!, Viel Spaß! (an mehrere Zuhörer)
pasado mañana übermorgen
el/la peluquero/-a Friseur/in
perdonar verzeihen
el/la piloto Pilot/in
planificar planen
la playa Strand
poco a poco nach und nach
practicar üben
presentar präsentieren/vorstellen
la profesión Beruf
profesional Berufs-, beruflich
el programa (de radio) (Radio-) Sendung
¿Qué tal + sust.? Wie war/ist/geht es [...]?

la realidad Wirklichkeit, Realität
saber (yo sé) *hier:* können
sacar un [...] eine [Note] bekommen
sacar una buena/mala nota eine gute/schlechte Note bekommen
se + Verb in der 3. Person Sg. oder Pl. man
seguro/-a sicher
significar bedeuten
el sistema System
el sol Sonne
subir el volumen lauter machen (Ton)
el sueño Traum
la tarea Aufgabe
el/la técnico/-a superior en agencia de viajes Reiseverkehrskaufmann/-frau (Titel)
tener una asignatura pendiente ein Fach noch bestehen müssen
típico/-a typisch
todo/-a alle/-s
la tradición Tradition
uno man
la ventaja Vorteil
el/la veterinario/-a Tierarzt/-ärztin
la visita Besuch
el vuelo Flug